JN209304

にんにくの料理

有元葉子

東京書籍

にんにくの魅力

6月になると新にんにくの季節がやってきます。

新にんにくはまるで栗のようにホクホク、軽やかな香り。

そのまま焼いたり揚げたり……にんにくそのものを味わう料理に適していて、そのおいしさは格別です。

1ヶ月足らずで新にんにくの季節が終わると、今度は料理の名脇役として欠かせない存在となります。

もしもにんにくがなかったら、成り立たない料理が世界中に数多くあります。

生で使う場合は、強すぎない程度に適量使うのが効果的です。

ほんの少しの生にんにくが食材のおいしさを引き立ててくれます。入れすぎないように注意しましょう。

にんにくを食べると匂いが気になる方も多いと思いますが、

たっぷり使っても胃がもたれたりせず、匂いが気にならない方法があります。

それは火の通し方にコツがあります。じっくりとにんにくの芯にまで火を通すこと。

弱火で火を通すことで匂いのもとになる生の部分がなくなっていい香りになります。

生の部分を残さないことが大切です。

みじん切りや薄切りの場合でも、フライパンにオイルとともに入れたら

弱火にかけておいしそうな麦わら色になるまでゆっくりと火を通します。あわてずゆっくりが肝心。

そうすると香ばしくナッツのようないい香りになって、生とは別もののおいしさが際立ってきます。

これを一緒に料理する食材にまとわせれば、にんにくの香りが引き立つ料理ができ上がります。

にんにくの香りだけをつけたいときは、包丁の腹でぐっと押してつぶし、香りを出しやすくしてから

オイルでゆっくり炒めたり煮込んだりします。あとで取り出せば香りだけを楽しむことができます。

にんにくの使い方一つで普段の料理がワンランクアップすることは間違いありません。

にんにくといえば青森の田子町がつとに知られていますね。

田子町のにんにく生産者さんに会ったとき、まず驚いたのが皆さんの内からあふれるような力強さ、

そしてお肌がピカピカ。なんと元気なこと！ と感心しました。難しい栄養学はさておき、

この皆さんのお顔を見ればにんにくが健康にいい食べものであることは一目瞭然です。

パワーあふれるにんにく料理で、おいしく元気な食卓を。

有元葉子

目次

新にんにくを楽しむ

にんにく×麺とご飯

にんにく×肉

*計量単位は、1カップ＝200㎖、大さじ1＝15㎖、小さじ1＝5㎖です。
*ガスコンロの火加減は、特にことわりのない場合は中火です。
*オーブンの焼き時間は目安です。機種によって多少差があるので、様子を見ながら加減してください。
*特にことわりがない場合、塩は自然塩、こしょうは粗びき黒こしょうを使います。ワインビネガーは白でも赤でも構いません。
*オリーブオイルはエキストラバージンオリーブオイルを使います。バターは有塩を使います。
*揚げ油はオリーブオイルまたは太白ごま油を使います。
*メープルシロップはゴールデン（デリケートテイスト）を使います。ゴールデンでない場合は砂糖を使用します。

新にんにくを楽しむ

新にんにくは、通常のにんにくのように収穫後に長く乾燥させていないので、そのぶん水分が多く、色も真っ白。生で使えばフレッシュな香りとシャキッとした食感が楽しめ、加熱すれば、やわらかく、ホクホク感とねっとり感が加わり、クセのないやさしい味わいが楽しめます。新にんにくの時期は6〜7月初め。この時期だけのおいしさです。

A

B

C

新にんにくのオイル煮

新にんにくは皮がやわらかいので、皮つき、茎つきのまま鍋に入れてオイル煮に。オリーブオイルで煮た新にんにくはホクホクで、ほんのり甘く、にんにくの概念が変わるほど。やわらかくなったにんにくをパンにつけたり、にんにくの香りがついたオリーブオイルをパンにしみ込ませると、おいしくいただけます。

材料　2玉分
新にんにく　2玉
ローリエ(生)　1枝
オリーブオイル　適量
唐辛子塩
⌈ 赤唐辛子、粗塩　各適量
好みのパン　適量

1— 鍋に皮つきの新にんにく、ローリエ、オリーブオイル大さじ2〜3を入れ（A）、弱火にかけ、オイルが少しクックツするくらいの状態で、にんにくがやわらかくなるまで20分ほど煮る（B）。

2— 唐辛子塩を作る。クロック（東南アジアの石臼）につぶした赤唐辛子と粗塩を入れ、サーク（東南アジアの杵）でたたきつぶしてすり混ぜる（C）。

3— 器に新にんにくとローリエを盛り、鍋中のオリーブオイルも注ぐ。唐辛子塩とパンを添える。パンに新にんにくをのせたり、オイルをつけていただく。

蒸した新にんにくは透き通るような白さ。皮をむいてバターナイフでつぶすと、ホクホク。そんなフレッシュな新にんにくを、レモン、チーズ、バターと取り合わせてパスタにします。レモンの爽やかな香りがアクセント。太めのロングパスタがよく合います。

新にんにくペーストのパスタ

材料　3〜4人分

新にんにく　2〜3玉

バター　50〜60g

ロングパスタ(太めのもの)　240〜320g

パルミジャーノ・レッジャーノ(かたまり)　適量

レモン(皮のみ使用)　適量

1 — 新にんにくは皮つきのまま、あとで取り出しやすいように上部分を少し切り落とす。蒸し器に入れ（A）、蒸気の立った状態で20〜30分蒸し、中までやわらかく火を通す。皮を除いてバターナイフなどでつぶす（B）。

2 — パスタは塩適量（分量外）を加えたたっぷりの熱湯でゆではじめる。

3 — 鍋にバターを入れて火にかけ、おおよそ溶けたら1の新にんにくを加え（C）、混ぜ合わせる。

4 — パスタがゆで上がったら汁気をきって3に加え（D）、新にんにくをからめるように混ぜる。

5 — 器に盛り（E）、パルミジャーノをすりおろしながらかけ（F）、レモンの皮をすりおろす（G）。

新にんにくとじゃがいものスープ

新にんにくはクセがなくてやさしい味なので、たっぷり使えるのが魅力。ここでは1と½玉を使い、じゃがいも2個と一緒にやわらかく煮て、ポタージュにします。新にんにくだけで作ってもいいですが、じゃがいもを入れると自然なとろみがついて味にもボリュームが出ます。

材料　作りやすい分量

新にんにく　1½玉

じゃがいも　2個

鶏のスープまたは野菜のスープ
　　または水　適量

塩　適量

チョリソ　少々

1—— 新にんにくは1片ずつにして皮をむく（A）。じゃがいもは皮をむいて薄めの半月切りにする（B）。

2—— 鍋に1を入れ、鶏のスープをかぶるくらいより少し多めに注ぎ入れ、火にかける。沸騰したら火を弱め、新にんにくとじゃがいもがやわらかくなるまで煮る（C）。

3—— 火からおろし、バーミックスまたはミキサーで撹拌し（D）、再び火にかけ、鶏のスープまたは水適量でとろみを調整し、塩で味を調える。

4—— 器に盛り、チョリソを薄切りにしてのせる。

フォカッチャ生地に指で穴をあけてオリーブオイルをたらし、蒸し焼きにした新にんにくを1片ずつおいてオーブンへ。こんなにのせるの？　と思うかもしれませんが、ご心配は無用。蒸し焼きにした新にんにくはツンとした匂いがなくてじゃがいものようにホクホク。新にんにくならではレシピです。

新にんにくのフォカッチャ

1 — フォカッチャ生地を作る。強力粉と薄力粉を合わせてボウルにふるい入れ、砂糖、ドライイーストを加えて混ぜ合わせる。中心をくぼませて分量の水を注ぎ入れ、混ぜながらこね、なめらかな生地になったら丸くまとめる。オリーブオイル少々（分量外）をぬったボウルに移し（A）、ラップをし、暖かいところに1時間ほどおいて1次発酵させる。

2 — 新にんにくは皮つきのままアルミホイルで包み、180〜200℃のオーブンで20〜30分焼く。中までやわらかく火が通ったら（B）、皮をむいて1片ずつにする。

3 — 1の生地が約3倍になるまで膨らんだらガス抜きをし、丸め直してフライパンのサイズにめん棒などを使ってのばす。オリーブオイル少々（分量外）をぬったフライパンに入れ、再びラップをし、暖かいところに30分ほどおいて2次発酵させる。

4 — 指で所々に穴をあけ、その穴にオリーブオイルをたっぷりと入れ、2の新にんにくを詰めるようにのせる（C）。オレガノ、フェンネルを散らし、メープルバターを新にんにくの上にのせ（D）、塩をふる。

5 — 200℃のオーブンでこんがりと焼き色がつくまで30分ほど焼く。

材料　直径24〜26cmのフライパン1台分

新にんにく　4玉
フォカッチャ生地
- 強力粉　150g
- 薄力粉　150g
- 砂糖　大さじ1
- ドライイースト　4g
- 水　約1カップ

オリーブオイル　¼〜⅓カップ
オレガノ、フェンネル（ともにドライ）　各適量
メープルバター（好みで）　適量
粗塩　適量

かたまり肉の真ん中ににんにくとローズ
マリーをわんさと詰めて、オーブンで焼
いたダイナミックな一品。低温のオーブ
ンで蒸し焼きのようにじっくりと火を通
すのが、おいしく仕上げる秘訣。焼き上
がった豚肉にナイフを入れると、肉はほ
ろほろほろっとくずれるようにやわらか
く、にんにくもペーストのような舌触り。
新にんにくの時期のごちそうです。

豚かたまり肉とにんにくの香草焼き

材料　作りやすい分量
豚肩ロース肉(かたまり)　1kg
新にんにく　2玉
粗塩　適量
ローズマリー　3〜4枝
オリーブオイル　適量

1 — 新にんにくは1片ずつにして皮をむく。
2 — 豚肉に粗塩をすり込み、オーブンに入れられ
る鍋やフライパン（ここでは無水鍋のふた）にのせ
る。豚肉の上の部分に十字の切り込みを入れ、ロー
ズマリーと新にんにくを詰める(A)。
3 — オリーブオイルをまぶし、無水鍋の胴体をふ
たのようにかぶせ、140℃のオーブンで3時間、ま
たは160℃で2時間焼く。オーブンを高温にし、ふ
たを取り、表面に焼き色がつくまで焼く(B)。
4 — ナイフでざっくりとくずしていただく。

A

B

新にんにくと砂肝の串焼き

焼いても蒸してもホクホクの新にんにくは、グリルにも向いています。砂肝と新にんにくを串に交互に刺して網焼きにすると、うまみと甘みがじわじわと出てきて、香ばしく焼ける頃にはちょうどいい食べ頃に。表面がカサつかないよう、ときどき酒をぬりながら焼き上げます。

材料　5本分

新にんにく　10片

鶏砂肝　200〜250g

酒　少々

粗塩　適量

1 ― 新にんにくは皮をむく。大きいものは半分に切ってもよい。

2 ― 砂肝は半分に切り、白い膜の部分を包丁でそぎ取り、厚みを半分に切る。

3 ― 竹串に砂肝、新にんにく、砂肝、新にんにく、砂肝の順に刺す（A）。

4 ― 焼き網を熱し、3の竹串が焦げないようにアルミホイルで覆ってからのせ、焼く（B）。途中、刷毛で酒をぬり（C）、おいしそうな焼き色がつくまで、火加減をしながら焼き上げる。

5 ― 器に盛り、粗塩をふり、あれば山椒の葉を添え、砂肝と一緒にいただく。

かつおと新にんにくは出合いもの。ここでは、厚めに切ったかつおをカルパッチョ仕立てにして楽しみます。かつおは生のままでも、たたきにしても OK。新にんにくは薄切りにし、ケイパー、青唐辛子、イタリアンパセリもたっぷりと。かつお1切れに新にんにくを2〜3枚のせるくらいでちょうどいい感じ。にんにく本来の力強さが、味のしっかりしたかつおを盛り立てます。

初がつおのカルパッチョ

A　B　C　D

材料　作りやすい分量
新にんにく　3〜4片
ケイパー（塩漬け）　大さじ2くらい
青唐辛子　8本
イタリアンパセリ　2〜3枚
オリーブオイル　適量
初がつお（刺し身用）　1さく
紫玉ねぎ　½個
粗塩　少々
レモン　½個

1 —— 新にんにくは皮をむいて縦薄切りにする。ケイパーは水につけてほどほどに塩抜きをする。青唐辛子は種を取って小口切りにし、イタリアンパセリはみじん切りにする。

2 —— バットにケイパーと青唐辛子の半量を入れ、新にんにくを散らし（A）、イタリアンパセリと残りの青唐辛子をのせる。塩をふり、オリーブオイルを回しかけておく（B）。

3 —— 紫玉ねぎを薄切りにして器に広げ、かつおを厚めに切ってのせ、粗塩をふる（C）。

4 —— 3の上に2をヘラなどですくってたっぷりとのせ（D）、レモンを添える。レモンを絞りかけていただく。

にんにく使いの基本

にんにくは日々の料理に欠かせない食材。いつも主役を張っているわけではありませんが、ないと物足りなく、にんにくを加えるだけで風味やうまみがアップし、おいしさを作る大切な役目を担っています。ここでは、にんにくをおいしくいただくための使い方、たくさん食べても胸焼けしない扱い方などを紹介します。

にんにくを使うときは

A 丸ごと
煮込み料理などに。とろりとなるまで煮ると煮汁もおいしくなります。主に皮をむいて使いますが、皮つきのまま使うことも。

B 縦半分に切る
にんにくの形を残したい煮ものや、にんにくもおいしく食べたいときに。また、ポタージュなどあとで撹拌するときなどに。

C ガーリックプレスでつぶす
ガーリックプレスでつぶすと、すりおろした状態になります。下味に使ったり、たれやソースを作るときに。

D つぶす
包丁の腹でたたいてつぶします。このくらい大きい形で使うと、風味を楽しむことができます。

E 薄切り
厚めの薄切りにして炒めもの、1mm程度の薄切りにしてスパゲッティ・アーリオ・オーリオ、にんにくチップなどに。

F みじん切り
ソースにしっかりとにんにくの個性をつけたいときに。パスタ、焼き飯、ひき肉料理、たれやソースなどに。

芯を取り除いて使いましょう

新にんにくは匂いが少なく芯がありませんが、時間が経つにつれて匂いが強くなって芯も育ってきます。にんにく1片を縦半分に切ると、真ん中にあるのが芯（芽が出てくるところ）。この芯にはアクやえぐみが含まれていて、匂いも一番強い部分。炒めると焦げやすいので、取り除いてから使うと香りも味もよくなります。

A にんにくは根元を切り落とします。
B 皮をむきます。
C 縦半分に切ります。真ん中にあるのが芯。
D 芯を包丁で取り除きます。
E 横に薄切りにしたときは、竹串で1枚ずつ取り除きます。

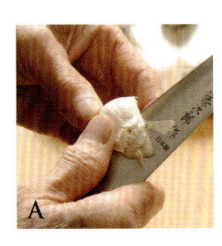
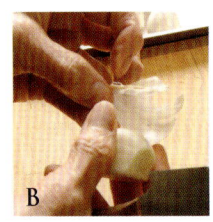
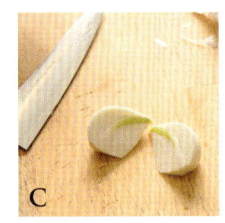
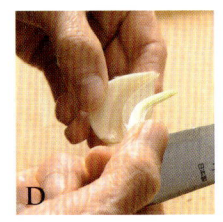

A　B　C　D　E

にんにく使いの道具

A 小さめサイズのまな板や板

いつも使っているまな板でも構いませんが、にんにくは小さい食材だから、小さめサイズのなま板の方が場所を取らず、洗うのも楽。匂い移りも気になりません。つくだ煮やそうめんが入っていた木製のふたを、まな板代わりにしても。

B ガーリックプレス

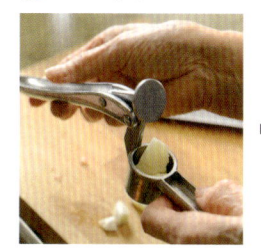 

にんにくをつぶしたり絞ったりするための道具。にんにくをはさみ込んで、ハンドルをぎゅっと握って使います。

おろし金やチーズおろしを使っても。

C 肉たたき

にんにくの上からたたくと、肉たたきの重さで楽につぶすことができます。

D 包丁

にんにくの根元を切ったり、皮をむいたり、芯を取り除いたり……、にんにくは小さい食材だから、まな板と同様小ぶりのものの方が使いやすく、匂い移りも気になりません。

みじん切りにするときは刃渡りの長いものの方が楽に作業ができて便利です。また、みじん切りは右手で取っ手を持ち、左手で先端の方を押さえて細かく切っていくので、三徳包丁のように刃がカーブしているものの方が使い勝手がいいようです。

フードプロセッサーを使っても。

E クロック

クロックは東南アジアの石臼。サーク（杵）とセットで使います。

クロックににんにくや赤唐辛子、ハーブやスパイスなどを入れ、サークでたたきつぶしてすり混ぜます。にんにくを使ったたれやペースト作りに使います。

にんにくは火の通し方がポイント

A ここではみじん切りを例にとって紹介。レシピにはよく「フライパンに油を入れて熱し」とありますが、にんにくについては当てはまりません。油を熱してからにんにくを入れると、にんにくの表面だけに火が通り、中まで火が通る前に焦げてしまいます。この生焼けが、胸焼けの原因。中までしっかり火を通すには、まずフライパンににんにくと油を入れ、それから火をつけます。

B にんにくと油をフライパンに入れて火をつけたら、ざっと混ぜてにんにくをオイルになじませ、あとは、あまり混ぜずに、弱火でじっくりとベージュ色になるまで火を通します。混ぜると、にんにくがヘラの先にくっついてダマになってしまいます。まだ火が通っていないにんにくはとがった匂いがしますが、徐々ににんにく臭さがなくなります。とにかく水分を飛ばすことがポイントです。

C にんにくが麦わら色になり、泡が小さくなり、次第に泡が出なくなったら水分が減った証拠。すぐに火を止め、焦がしすぎないようにします。パスタを入れるならこのタイミング。

みじん切りは細かく

みじん切りは、均一に細かくするのがおすすめです。その方が焦げる前にしっかり中まで火が通ります。

にんにくオイルとにんにくチップ

多めのオリーブオイルでにんにくを熱すると、オイルにはにんにくの香りが移っておいしくなり、にんにくはカリッと香ばしくなります。にんにくオイルは、炒めもの、揚げもの、ドレッシングなどに使い、にんにくチップは、そのまま食べてもおいしいですが、スープの浮き実やサラダのトッピングなどにも使えます。ここではこの本で使った二つの方法を紹介します。

揚げ鍋で

A 揚げ鍋に適量の揚げ油を入れ、にんにくの薄切りを入れ、火にかけます。
B 混ぜずに低温でゆっくりと揚げていきます。
C 麦わら色になってカリッとしたら取り出します。余熱で火が通ります。
＊この油で野菜やカシューナッツを揚げるとおいしい（p.34 カリカリにんにくとナッツご飯）。

フライパンや中華鍋で

A フライパンににんにくを入れ、多めのオリーブオイルを加え、一混ぜして火にかけます。
B 混ぜずに低温でゆっくりと熱し、揚げ焼きします。
C 麦わら色になってカリッとしたら取り出します。余熱で火が通ります。
＊この油でパスタを炒めたり、肉を焼いたり、焼き飯にするとおいしい（p.26 スパゲッティ・アーリオ・エ・オーリオ、p.36 ステーキご飯）。

にんにくを少し使うだけで味にコクが出ます

1〜2人分のたたききゅうり、サラダのドレッシングなど、¼片分程度のにんにくを加えるだけで、味にコクと奥行きが出てぐんとおいしくなります。ほんの少し隠し味として入れるだけで成り立っている料理もあります。にんにくを入れるか入れないかで味がぐっと変わるんです。また、残ったにんにくは糠床に入れると糠床がおいしくなり、野菜もおいしく漬かります。

保存は風通しのよい場所で

皮つきのまま丸ごと、カゴや木のボウル、ネットや穴を開けた紙袋などに入れて、風通しのよい場所で保存。または、にんにくは湿気を嫌うので、新聞紙などで軽く包んで、冷蔵庫の野菜室に入れるのがおすすめです。

スパゲッティ・アーリオ・エ・オーリオ 2種

みじん切りのにんにくで
⇨ 作り方は p.26

アーリオはにんにく、オーリオはオリーブオイル。シンプルだからこそ、にんにくの扱い方と塩気が大事になってきます。ここでは、にんにくをみじん切りと薄切りにし、二つのスパゲッティを紹介します。いずれも、にんにくは弱火でじっくりと中まで火を通し、水分を残さないのがポイント。また、スパゲッティは塩をたっぷりめに入れてゆでること。これで塩味が決まります。

薄切りのにんにくで

⇨ 作り方は p.27

みじん切りにんにくの
スパゲッティ・アーリオ・エ・オーリオ

材料　2人分
にんにく　3〜4片
オリーブオイル　大さじ3〜4
スパゲッティ　140g

1— にんにくは皮をむいて細かめのみじん切りにする（A）。細かくした方が中まで火が通る。
2— スパゲッティは塩適量（分量外）を加えた熱湯でゆではじめる。
3— フライパンににんにくとオリーブオイルを入れて火にかけ、ざっと混ぜてにんにくをオイルになじませ（B）、あとは、混ぜずに、弱火でじっくりとベージュ色になるまで火を通す（C）。
4— にんにくが麦わら色になって泡が出なくなったら（D）、ゆで上がったスパゲッティを加えてあえる（E）。

薄切りにんにくの
スパゲッティ・アーリオ・エ・オーリオ

材料　2人分
にんにく　3〜4片
オリーブオイル　大さじ3〜4
スパゲッティ　140g

1 — にんにくは皮をむいて横薄切りにし、芯を除く（A）。

2　スパゲッティは塩適量（分量外）を加えた熱湯でゆではじめる。

3 — フライパンににんにくとオリーブオイルを入れて火にかけ（B）、混ぜずに熱する（C）。にんにくがカリッとなったら油をきって取り出す（D）。好みで赤唐辛子½〜1本（分量外）をちぎって入れる。

4 — スパゲッティがゆで上がったら3のフライパンに加えてあえる（E）。

5 — 器に盛り、にんにくを散らす。4のオイルが残ったら、パンにつけたり、ドレッシングに使っても。

ひじきとパンチェッタのパスタ

前ページのスパゲッティ・アーリオ・エ・オーリオを応用した、ひじきとパンチェッタ入りのスパゲッティ。パンチェッタの塩気とひじきの磯の香りが加わって、うまみたっぷりに仕上がります。オリーブオイルはにんにくが浸るくらい多めに用い、にんにくの香りが移ったオイルをひじきにもからめるようにして仕上げます。パンチェッタの代わりにベーコンを使っても。

材料　3人分

長ひじき（乾燥）　20g
パンチェッタ　70g
にんにく　3片
スパゲッティ　250g
オリーブオイル　大さじ2
塩、こしょう　各適量
イタリアンパセリ　3〜4本

1 — ひじきは水で戻して水気をきり、長いものは食べやすい長さに切る。パンチェッタは薄切りにしてから細く切り、にんにくは皮をむいてみじん切りにする。イタリアンパセリは冷水に放してからみじん切りにし、ペーパータオルで包んで水気を絞る。

2 — スパゲッティは塩適量（分量外）を加えた熱湯でゆではじめる。

3 — フライパンにオリーブオイルとにんにくを入れて火にかけ、ざっと混ぜてにんにくをオイルにな

じませ（A）、あとは、混ぜずに熱する（B）。

4 — にんにくから泡が出なくなり、にんにく臭さがなくなって香りが出たら、パンチェッタを加えて混ぜる（C・D）。パンチェッタから脂が出てチリッとしてきたらひじきを加え、塩、こしょうをふってざっと炒め合わせる（E）。

5 — 2のスパゲッティがゆで上がったら4に加えてあえ（F）、仕上げにイタリアンパセリを加えて混ぜる。

えびともやしのカリカリ焼きそば

えびはプリッと歯ごたえよく、もやしはシャッキリ、焼きそばはカリッと香ばしく。素材それぞれのおいしさと食感を生かしたい、だから、焼きそばと具を別々に調理し、盛りつけるときに合わせ、味つけも最小限。にんにく入りのヌクチャムを各自が好きなようにかけていだだきます。

材料　2人分

えび(無頭・殻つき)　8尾

えびの下味

- 塩、粗びき黒こしょう　各少々
- ヌクマム　少々
- 酒　少々

中華乾麺(えび麺)　2人分

小大豆もやし　1袋

太白ごま油　適量

香菜　適量

揚げカシューナッツ

　揚げ油　適量

　カシューナッツ(生)　適量

ヌクチャム(作りやすい分量)

- にんにくのみじん切り　1〜2片分
- 赤唐辛子のみじん切り　1〜2本分
- ヌクマム、米酢　各¼カップ
- メープルシロップ　⅕カップ
　　(または砂糖　大さじ1½)
- 水　¼カップくらい

1 ― ヌクチャムの材料は混ぜ合わせておく(A)。

2 ― 揚げカシューナッツを作る。揚げ油にカシューナッツを入れて火にかけ、低温で、香ばしくなるまでゆっくりと揚げ、油をきる。

3 ― えびは背わたを取り、尾を残して殻をむき、3〜4つに切る。ボウルに入れ、塩、こしょう、ヌクマム、酒を加えて手でもんで下味をつける。

4 ― えび麺は熱湯でゆで、ザルに上げてゆで汁をきり、太白ごま油少々をまぶしておく。

5 ― もやしは豆の部分とひげ根を取り、冷水に放す。熱湯でさっとゆでるか蒸し器で短時間蒸し、ザルに上げて汁気をきる。好みで生でもよい。

6 ― 中華鍋に太白ごま油大さじ2〜3を熱して4のえび麺をほぐして入れ、あまり動かさずにじっくりと焼きつける(B)。両面きつね色にカリッとなったら取り出して油をきる。中華鍋に太白ごま油少々を足し、3のえびを入れて炒める。

7 ― 器にえび麺を盛り、もやし、えび、香菜の順にのせる(C)。ヌクチャムをかけていただく。

使わなかったヌクチャムは保存瓶に入れて冷蔵庫へ。春巻き、生春巻き、揚げワンタン、焼き肉などに。

にんにくおかか焼き飯

にんにくとしょうゆ、削り節で作る、最もシンプルでおいしい焼き飯です。にんにくにじっくりと火を通してきつね色にし、ご飯を香ばしく焼きつけるのがポイント。炒めるというよりは、焼きつけることが大事です。また、しょうゆは鍋肌に入れて熱することにより、香りとうまみが際立ちます。

材料　3人分
ご飯(温かいもの)　茶碗3杯分
にんにく　2〜3片
太白ごま油　大さじ2
しょうゆ　適量
削り節　たっぷり

1— にんにくは皮をむいてみじん切りにする。
2— 中華鍋に太白ごま油を入れて火にかけ、すぐににんにくを入れて弱火でじっくりと火を通し(A)、きつね色になって香ばしくなるまで炒める(B)。
3— いったん火を止めて、ご飯を加えて余熱でよく混ぜ(C)、再び火にかける。
4— 中華鍋の真ん中を空けて鍋肌にしょうゆ大さじ2〜3をたらし(D)、しょうゆがジュッと熱されて香ばしくなったら、全体に混ぜ合わせる。
5— 削り節をたっぷりと入れ(E)、ご飯を焼きつけるようにしながら混ぜ(F)、仕上げに鍋肌からしょうゆ少々をたらして香ばしく仕上げる。

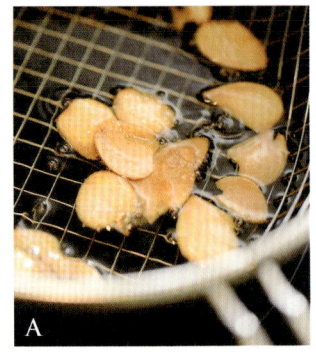

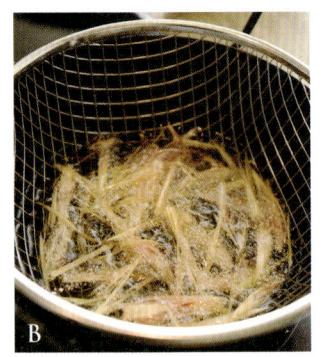

カリカリにんにくとナッツご飯

まずはにんにくを揚げ、にんにくの香りが移った油でこぶみかんの葉やレモングラスを揚げ、その香り高い油をいったん冷ましてカシューナッツを揚げます。熱い油で揚げると、中まで火が通る前に表面だけが焦げてしまいます。冷ました油で揚げはじめ、カシューナッツに少し色がついてカリカリする音がしてきたら引き上げるのがコツ。余熱でカリカリになります。ご飯は白米でも玄米でも合いますし、このままビールのおつまみにしても。

材料　作りやすい分量

にんにく　2〜3片

カシューナッツ(生)　2カップ

こぶみかんの葉　10〜12枚

レモングラス　3〜4本

揚げ油　適量

粗塩　適量

赤唐辛子(好みで)　少々

ご飯　適量

1 — にんにくは皮をむいて薄切りにする。レモングラスは斜め薄切りにする。

2 — 揚げ鍋にたっぷりめの揚げ油を入れ、にんにくを入れてから火にかけ、低温でゆっくりと揚げる。麦わら色になってカリッとしたら（A）、ペーパータオルの上に取り出す。

3 — 2の揚げ油にこぶみかんの葉を入れ、低温の油で揚げ、ペーパータオルの上に取り出す。続いてレモングラスも同様にして揚げ（B）、ペーパータオルの上に取り出す（C）。いったん揚げ油を冷ます。

4 — 冷めた揚げ油にカシューナッツを入れて火にかけ、カシューナッツが焦げないように、低温で、かき混ぜながらゆっくりと揚げ、香ばしくなったら取り出して油をきる（D）。

5 — カシューナッツをボウルに入れ、熱いうちに、にんにく、こぶみかんの葉、レモングラスを加え（E）、粗塩と刻んだ赤唐辛子を入れて全体にからめる（F）。

6 — 器にご飯を盛り、5をそのまま、または刻んでのせる。

ステーキご飯

にんにくを焼いた香ばしい油で牛肉を焼き、牛肉を焼いたうまみのある脂でご飯を焼きつけ、しょうゆで仕上げた、香ばしさが鼻をくすぐる、おもてなしご飯。ステーキはレアに焼いて取り出すのがコツ。あとでご飯と混ぜていくうちに程よく火が入り、食べる頃にはちょうどいい感じになります。ご飯は炊きたてを使うと米のおいしさが際立ち、しょうゆの香りも生きてきます。

材料　作りやすい分量

牛肉(ステーキ用。ランプまたはイチボ)　200g × 2枚

にんにく　3〜4片

クレソン　2束

オリーブオイルまたは太白ごま油　大さじ3

塩、粗びき黒こしょう　各適量

しょうゆ　大さじ2

ご飯(温かいもの)　茶碗3〜4杯分

1—— にんにくは薄切りにする。クレソンは軸のかたい部分は除く。

2—— 中華鍋にオリーブオイルを入れて火にかけ、油がまだ冷たいうちににんにくを入れ、揚げるような感じでじっくりと火を通す (A)。色づいてきたら取り出す(B)。

3—— 2の中華鍋に牛肉を入れ、にんにくの香りが移った油で焼く。おいしそうな焼き色がついたら返して塩、こしょうをふり、表面だけ焼き色をつけ、中はレアに焼き (C)、いったん取り出して大きめの一口大に切る(D)。

4—— 3の中華鍋にご飯を入れ (E)、にんにくの香りと牛肉のうまみが移った油でよく炒める。中華鍋の真ん中を空けて鍋肌にしょうゆを加えて沸騰させ(F)、ご飯を焼きつけるようにしながら香ばしく炒める(G)。

5—— 牛肉を戻し入れて炒め合わせ(H)、クレソンを加えてざっと混ぜる (I)。塩、こしょうで味を調える。

6—— 器に盛り、2のにんにくを散らす。

ラムのにんにくみそ焼き

にんにくみそは、みそとにんにくを合わせただけのシンプルなものですが、にんにくを入れるだけで味に奥行きが出て、ぐっとおいしくなります。辛くしたければ豆板醤を入れたり、甘くしたければメープルシロップを入れても。ここではラムチョップにぬってオーブンで焼き上げます。高温のオーブンで短時間で焼くと、にんにくみそが焦げすぎず、肉もかたくなりません。

材料　8本分
ラムチョップ　8本
にんにくみそ
┌ にんにく　2片
└ みそ　大さじ4〜5
好みのレタス類（サニーレタスなど）　適量

1 — にんにくみそを作る。にんにくは皮をむいて立て半分に切り、芯を除く（A）。ボウルにみそを入れ、にんにくをガーリックプレスでつぶして加え（B）、混ぜる（C）。

2 — ラムの片面ににんにくみそをぬる（D）。

3 — オーブンの天板を下段に、網を上段にセットして250℃以上に予熱し、2を並べてのせ、高温のオーブンまたはグリルでおいしそうな焼き色がつくまで10分ほど焼く（E）。

4 — レタスは冷水に放し、1枚ずつにして水気を拭く。

5 — 器やボードにレタスを敷き、ラムのにんにくみそ焼きを盛る。

1枚の鶏肉をとことん薄く切り広げて片栗粉をつけ、バリバリになるまで揚げることから「鶏のバリバリ」。おいしさの秘訣は下味。溶き卵、にんにくのすりおろし、しょうゆ、酒を合わせたものにつけておくと、鶏肉にうまみがしみ込んでおいしくなるだけでなく、揚げてもジューシーなまま。にんにくの姿形は見えないけれど、なくてはならない存在です。

鶏のバリバリ・薬味ソース

A B C
D E F

材料 作りやすい分量

鶏もも肉　1枚

鶏肉の下味

- 卵　1個
- にんにくのすりおろし　1片分
- しょうゆ　大さじ1½
- 酒　大さじ1

片栗粉　適量

揚げ油(オリーブオイルまたは太白ごま油)

　適量

薬味ソース

- 長ねぎのみじん切り　1本分
- しょうがのみじん切り　大1かけ分
- 米酢　大さじ2
- しょうゆ　大さじ2
- 豆板醤　小さじ1

レタス　適量

1— 鶏肉は筋を切りながら厚みのある部分に包丁を入れてできるだけ薄く開き（A）、皮はフォークで数ヶ所つつく。

2— バットに下味の材料を入れて混ぜ合わせ(B)、1を入れ、ときどき上下を返して下味をつける。

3— 薬味ソースの材料は混ぜ合わせる。レタスは手でちぎり、冷水に放してシャキッとさせ、水気を拭く。

4— バットに片栗粉をたっぷりと入れ、鶏肉の汁気をきって広げて入れ、上からも片栗粉をふる(C)。手で押しつけるように全体にまぶし、片栗粉で白くなるくらいまでしっかりとつける(D)。

5— 揚げ油を中温よりやや高めに熱し、4をすべり込ませるようにしてゆっくりと入れる。いじらずにそのまま揚げ(E)、衣がカリカリになったら返し、両面パリッとするまで揚げる（F）。網を敷いたバットに取って油をきる。

6— 食べやすい大きさに切り分けて器に盛り、レタスを添える。薬味ソースをかけていただく。

鶏1羽をさばいて使うフライドチキンは、胸肉、もも肉、ドラムスティック、手羽元、手羽先と、それぞれのおいしさが楽しめるのが魅力です。揚げるときは揚げ鍋に詰め込んでも大丈夫。初めは鶏肉同士がくっつきますが、火が通ると自然に離れ、2度揚げすることで余分な水分が飛んでカリッと仕上がります。一口ほお張るとにんにくの香りを遠くに感じる、クセになるおいしさです。

チキンバスケット

材料　作りやすい分量

鶏肉(胸肉、もも肉、ドラムスティック、手羽元、手羽先)
　1羽分
粗塩　鶏肉の重量の1.5〜2%
鶏肉の下味
┌ にんにくのすりおろし　2片分
│ 塩　大さじ⅔
│ こしょう　適量
└ タイム　10枝
小麦粉　適量
揚げ油(オリーブオイル)　適量
じゃがいも　適量

1— 鶏胸肉ともも肉は大きめのぶつ切りにし、ドラムスティック、手羽元、手羽先とととともにボウルに入れ、粗塩をすり込む。一晩冷蔵庫に入れて余分な水分を出す。

2— 1を水で洗ってペーパータオルで水気をしっかりと拭き取り、ボウルに入れ、にんにくのすりおろし、塩、こしょう、タイムの葉を摘んで加えて手でよくもみ込んで下味をつける(A)。1時間ほどおく。

3— 2に小麦粉を加え、一つずつしっかりと握りしめてまぶす(B)。余分な粉を落とし、形を整える(C)。

4— 揚げ油を火にかけ、低温のうちに3を入れ、はじめはいじらず、徐々に温度を上げながらじっくりと揚げていく(D)。きつね色になったらいったん引き上げて上下を返し(E)、再び揚げ油に入れて2度揚げする(F)。網を敷いたバットに取り、油をきる。

5— じゃがいもは皮つきのままスライサーで薄切りにし、水にさらす。ザルに上げ、ペーパータオルで水気を取る。中温に熱した揚げ油に入れ、2〜3度揚げしてカリッと仕上げる。油をきって熱いうちに塩適量(分量外)をふる。4の鶏肉に添える。

オーブンから取り出した鶏の丸焼きは、バターの芳しさとローズマリーの香りいっぱい。その秘密は、ローズマリー5〜6枝を束ねてタコ糸でくるくるっと縛り、シュロほうきのように手で持って、にんにくオイルバターをたっぷりつけて鶏肉にぬりながら焼き上げるから。にんにくで味が締まり、オリーブオイルのおかげで表面はパリッと香ばしく仕上がります。

鶏肉のガーリックグリル

A B C D

材料　作りやすい分量

鶏肉（下処理したもの）　½羽

粗塩　鶏肉の重量の1.5〜2%

にんにくオイルバター

- にんにくのすりおろし　大さじ3
- 溶かしバター　60g
- オリーブオイル　大さじ5
- 粗びき黒こしょう　適量

ローズマリー　5〜6枝

1 — 鶏肉は丸ごとのまま塩をすり込み、冷蔵庫で一晩おく。翌日、洗って水気を拭く。

2 — ローズマリーは束ねてタコ糸で縛る。

3 — にんにくオイルバターを作る。にんにくをガーリックプレスでつぶしてボウルに入れ、溶かしバター、オリーブオイル、こしょうを加え、2のローズマリーを使って混ぜる（A）。

4 — 鶏肉をフライパンに入れ、3のにんにくオイルバターをローズマリーを刷毛代わりにしてぬる（B）。

5 — 230℃のオーブンで、こんがりとするまでおよそ40分焼く。途中、数回にわたって、にんにくオイルバターをローズマリーを刷毛代わりにしてぬる（C）。こんがりしてきたら、ももと手羽先の間、ももと胴の間に竹串を刺し入れて開き、開いた部分にも焼き色がつくようにする（D）。

6 — 焼き上がったらオーブンから取り出す。食べるときに、もも、足、手羽元、手羽先、胸肉に切り分け、ももと胸肉は食べやすい大きさに切る。

レバーとわけぎのにんにく炒め

レバーをおいしくいただくポイントは、にんにくじょうゆに30分〜1時間漬け込んでおくこと。これでレバーの臭みがやわらぎ、下味までつけることができます。また、レバーを炒めるときは、炒めるというよりは焼きつけること。強火で焼くことによってカリッと仕上がります。香ばしく焼いたわけぎとの取り合わせも絶妙です。

A

材料 3〜4人分

鶏レバー 150〜200g

レバーの下味

┌ にんにく 2片
└ しょうゆ 大さじ2

わけぎ 1束

玉締めごま油 適量

塩 適量

オイスターソース 大さじ1

ヌクマム 大さじ½〜1

豆板醤 小さじ1

しょうゆ 小さじ1

B C D

E F G

1 — レバーは流水で洗って厚みを半分に削ぎ、氷水に入れて血抜きをし、水気を拭いて食べやすい大きさに切る。にんにくは皮をむき、1片分をすりおろし、残りは半分に切る。

2 — 1のレバーとにんにくをボウルに入れ、下味のしょうゆを加えてからめ、30分〜1時間冷蔵庫に入れておく。わけぎは5〜6cm長さに切り、根元に近い白い部分と青い部分に分ける（A）。

3 — 2のレバーの汁気をきる（B）。

4 — 中華鍋に玉締めごま油大さじ2を熱し、わけぎの白い部分を入れて塩少々をふり、いい香りがしてくるまで焼きつける（C）。青い部分を加えて塩少々をふり、焼きつけるようにして炒める。いったん取り出す。

5 — 4の中華鍋に玉締めごま油少々を足して3のレバーを入れ（D）、強火で汁気を飛ばすように焼きつけ、両面香ばしく焼きながら中まで火を通す。

6 — 中華鍋の真ん中を空け、オイスターソース、ヌクマム、豆板醤、しょうゆを入れて調味料を混ぜ合わせ（E）、レバーをからめる（F）。

7 — わけぎを戻し入れて全体に味をからめる（G）。

豚の角煮

にんにくとしょうが、酒をたっぷりと使って豚肉をコトコトと煮て、鍋のまま冷蔵庫へ。一晩おくと、脂が浮いて白くかたまるので、この脂を完全に取り除いてから、味つけするのがポイント。味つけは、まずは甘み。メープルシロップまたは砂糖を入れて豚肉に甘みをしみ込ませ、最後にしょうゆを加えてコクのある味に仕上げます。とろとろに溶けるほどやわらかくなったにんにくと煮汁も、なんともいえぬおいしさです。

材料　作りやすい分量

豚バラ肉（かたまり）　1kg

にんにく　6片

しょうが　大1かけ

酒　適量

メープルシロップ*　大さじ4〜5

しょうゆ　大さじ5

練り辛子　適量

＊メープルシロップの代わりに砂糖大さじ3〜4を使っても。

1 ── 用意するのは、豚バラ肉、にんにく、しょうが（A）。豚肉は6等分に切り、にんにくは皮をむく。しょうがは皮つきのまま厚切りにする。

2 ── 鍋に豚肉、にんにく、しょうがを入れ、酒と水を同量ずつ、豚肉がかぶるより多めに注ぎ入れ（B・C）、火にかける。沸騰したらアクを取り、弱めの中火で1時間30分ほど煮て火を止める。冷めたら鍋ごと冷蔵庫に入れて一晩おく。

3 ── 翌日、上にかたまった脂を取り除く（D）。これはラードなので、炒めものやチャーハンに使うとよい。

4 ── 3にメープルシロップを入れて火にかけ（E）、半ずらしでふたをし、20〜30分煮る。しょうゆを加えてさらに10分ほど煮て、ほどよく煮詰める（F）。

5 ── 器に盛り、練り辛子を添える。

青椒牛肉絲

牛肉はやわらか、ピーマンはシャッキリ、中までしっかり熱々。おいしさのポイントは素材の切り方、火の通し方にあります。牛肉とピーマンは同じくらいの大きさに切りそろえ、このときピーマンは繊維に沿って縦に切るとシャキッとした食感に仕上がります。牛肉を炒めるときは、肉のうまみと下味を封じ込めるために油をからめるように炒め、ピーマンを入れたら手早く混ぜてシャキッとした食感を損なわないようにします。

材料　4人分

牛もも肉（かたまり）　300g
牛肉の下味
┌　にんにくのすりおろし　大さじ1
│　こしょう　適量
│　砂糖　大さじ1
│　酒　大さじ1
│　玉締めごま油　大さじ1
└　片栗粉　大さじ1
ピーマン　10個
玉締めごま油　適量
塩　少々
オイスターソース　大さじ2
しょうゆ　大さじ2
豆板醤　大さじ1

1 — 牛肉は3〜4cm厚さに切り、繊維に沿って細切りにする。ボウルに入れ、片栗粉以外の下味の材料を加えて手でもみ込み（A）、片栗粉を加えてさらにもみ込み、10分以上おく。

2 — ピーマンは縦半分に切って種を除き、縦細切りにする。

3 — 中華鍋に玉締めごま油大さじ2〜3を熱し、ピーマンを入れて炒める。6〜7分通り火が通ったら塩をふり、いったん取り出す（B）。

4 — 3の中華鍋に玉締めごま油適量を足して熱し、1の牛肉を入れてほぐし、広げるようにして炒める（C）。

5 — いったん火を止め、中華鍋の真ん中を空けてオイスターソース、しょうゆ、豆板醤を入れて混ぜ（D）、再び火にかけて牛肉にからめるようにしっかりと味をつける（E）。

6 — ピーマンを戻し入れ、混ぜ合わせる（F）。

しょうゆとにんにくの味がしみた、ご飯のおかず。牛肉がやわらかくなるまでじっくり煮るのでにんにくは溶けてしまいますが、にんにくの味は残り、にんにくのおかげでコクが出ます。濃いめの味つけなので酒の肴にも。煮汁ごとご飯にかけてどんぶり風にしてもおいしくいただけます。

牛肉とこんにゃくのにんにく煮

材料　3〜4人分

牛肉（シチュー用）　300g
生芋こんにゃく　大1枚
にんにく　2〜3片
赤唐辛子　1本
太白ごま油　大さじ2
酒　½カップ
みりん　¼カップ
しょうゆ　⅓カップくらい
長ねぎの粗みじん切り　適量

1 — 牛肉は一口大の角切りにする。こんにゃくは熱湯に入れてグラグラと5〜6分ゆで、水気をきり、布巾ではさんでめん棒などでたたき、一口大にする。にんにくは皮をむいて縦半分に切って芯を取る。

2 — 鍋に太白ごま油とにんにくを入れて火にかけ（A）、油が熱くなったらこんにゃくを入れてしっかりと炒め（B）、牛肉を加えて焼きつけるようにして炒め合わせる（C）。

3 — 酒、みりんを入れて強火にしてアルコール分を飛ばし（D・E）、かぶるくらいの水を注ぎ入れ、沸騰したらアクを取る。

4 — しょうゆの半量と赤唐辛子を加え、弱めの中火にして半ずらしでふたをし、煮汁が少なくなって牛肉がやわらかくなるまで煮る（F）。残りのしょうゆを味をみながら加える。仕上げに長ねぎを散らす。

ひき肉はにんにくとしょうが、しょうゆだけで炒めてもおいしいですが、ここではクローブを加え、より香り高く仕上げます。クローブとしょうゆの組み合わせが好きで、多めに作りおいていろいろに使っています。クローブはパウダーと粒のもの両方を使うのがおすすめ。粒のクローブは油で炒めることによって香りが立ち、ひき肉にも香りが移っておいしくなります。パウダーは食べたときの香りのアクセントになります。

ひき肉のにんにくクローブしょうゆ炒め

A B C D

材料　作りやすい分量

牛ひき肉　200g

にんにく　1片

しょうが　1かけ

オリーブオイル　適量

クローブ　小さじ1

クローブパウダー　小さじ1

しょうゆ　大さじ2

1 — にんにく、しょうがはみじん切りにする。クローブはパウダーと粒のものを用意（A）。

2 — フライパンにオリーブオイル、にんにく、しょうがを入れて火にかけ、にんにくとしょうがをオイルになじませながら弱火でじっくりと炒める（B）。

3 — にんにくが色づいてきたらひき肉を加えてほぐし、湯気の匂いが肉っぽくなくなって香ばしくなるまで炒める。クローブとクローブパウダーを入れて炒め合わせる（C）。

4 — ひき肉を片側に寄せて鍋肌に直接しょうゆを加え（D）、しょうゆが香ばしくなったら全体に混ぜ合わせる。

ひき肉のにんにくクローブしょうゆ炒めで

ひき肉玄米ご飯

玄米ご飯の上に、キャベツのせん切り、ひき肉のにんにくクローブしょうゆ炒めをたっぷりとのせ、目玉焼きをのせる。目玉焼きをくずして全体に混ぜていただく。

ひき肉のにんにくクローブしょうゆ炒めで

トマトのひき肉のせ

厚めに切ったトマトに玉ねぎの薄切りをのせ、ひき肉のにんにくクローブしょうゆ炒めをたっぷりと盛る。玉ねぎは水にさらしてシャキッとさせてから使う。

ひき肉ミニ春巻き

ひき肉を使った、下ごしらえなしのシンプルな春巻きです。ひき肉にはにんにく、しょうが、長ねぎ、香菜の根といった香味野菜を混ぜるのがポイント。香味野菜を入れると軽い食感になります。中火弱の火加減でゆっくりと揚げて中まで火を通し、パリッときつね色になったら引き上げどきです。

材料　16個分

餡
- 豚ひき肉　150g
- にんにく　1片
- しょうが　1かけ
- 長ねぎ　6cm
- 塩、こしょう　各少々
- 香菜の根（あれば）　適量

春巻きの皮　8枚

水溶き小麦粉　適量

揚げ油　適量

ヌクチャム（p.31参照）　適量

1 ── 餡を作る。にんにくは皮をむいてみじん切りにする。しょうが、長ねぎ、香菜の根もみじん切りにする。ボウルに餡の材料をすべて入れ、手でよく混ぜる（A）。

2 ── 春巻きの皮を対角線に切って三角形にし、切った辺を手前にし、2の餡を適量ずつのせて巻く（B・C）。巻き終わりは水溶き小麦粉で留める。

3 ── 揚げ油を火にかけ、まだ低温のうちに3を入れ（D）、中火弱の火加減でゆっくりと揚げていき、パリッときつね色に仕上げる（E）。

4 ── ヌクチャムを小さい容器に入れて器の真ん中におき、春巻きを盛る。

もちもちとした皮のおいしさが、水餃子の醍醐味。だから、水餃子の皮は手作りと決めています。手作りの皮は水をつけなくてもしっかり包むことができるので、意外に気が楽。全部が同じ形にならなくても、それはそれでご愛嬌です。そんな水餃子には、にんにくを効かせたパンチのあるたれがよく合います。

手作り水餃子

材料　作りやすい分量

餡
- 豚肩ロース肉　200g
- ニラ　½束
- キャベツ　大2枚
- しょうが　1かけ
- 長ねぎ　½本
- 塩　少々
- 玉締めごま油　少々

皮
- 強力粉、薄力粉　各1½カップ
- 水　約1カップ
- 塩　一つまみ

たれ
- にんにくのすりおろし　1片分
- しょうゆ　大さじ1
- 豆板醤　小さじ1
- XO醬　小さじ1
- 玉締めごま油　小さじ1
- 酢　適量

1 ── 皮を作る。ボウルに強力粉と薄力粉を合わせてふるい入れ、塩を入れ、水を加減しながら加えてよくこねてなめらかにし、耳たぶくらいのやわらかさになったら一まとめにする。ラップをして室温で30分ほどおく。

2 ── 餡を作る。豚肉はフードプロセッサーなどで粗びきにし、野菜はすべてみじん切りにする。ボウルに合わせ、塩、玉締めごま油を加えてよく練り混ぜる（A）。

3 ── たれの材料は混ぜておく（B）。

4 ── 皮をのばす。打ち粉（強力粉。分量外）をした台に1を移し、こね直して丸め、スケッパーやカードで2等分に切る。2cm幅の棒状に切り（C）、20～22等分に切り分け、それぞれ丸める（D）。一つずつ押しつぶして丸く広げ、めん棒で直径8cmくらいに丸くのばす（E）。

5 ── 皮に餡を適量ずつのせ（F）、二つ折りにして真ん中を留め、左右も皮同士をギュッとくっつけて包む（G・H）。縁を薄く整えると食感がよい。

6 ── 鍋にたっぷりの湯を沸かし、5を入れ、餃子同士がくっつかないように一混ぜする。餃子が浮いてきてから20～30秒待ち、餃子の皮にツヤが出てぷっくりとしてきたらすくい（I）、湯をきって器に盛る。3のたれにつけていただく。

シーフードのアヒージョ

きのこのアヒージョ

アヒージョはスペイン語で、小さなにんにく、刻んだにんにくの意。オリーブオイルとにんにくで魚介や野菜を煮込む料理です。弱めの火加減でじっくりと火を通して香りを引き出すので、にんにくもおいしくなるし、何よりにんにくと具材のうまみが溶け込んだオリーブオイルが最高です。ここではえびとたこを用いたシーフード、しいたけを山盛り入れたきのこの２種を紹介。食べ比べてみるとオイルの味が全然違うことに気がつきます。きのこはエリンギやしめじでもいいですが、しいたけが一番です。

A　B　C　D

E　F

材料　直径18cmのフライパン各1台分

にんにく　6片

赤唐辛子　2〜3本

えび（無頭・殻つき）　10尾

たこの足（ゆでたもの）　2本

しいたけ　15〜18個

オリーブオイル　適量

粗塩　適量

1 ── しいたけは石づきを取って半分にさき、ザルに並べて1時間以上おき、半乾きにしておく。これでシコシコとした食感になる。

2 ── にんにくは皮をむいて包丁の腹でつぶし、芯を取る。小さめのフライパン2つに分けて入れ、赤唐辛子をちぎって入れておく（A）。

3 ── えびは背わたを取り、尾を残して殻をむく。冷凍のものを使う場合は海水程度の塩分の塩水につけて冷蔵庫で一晩おき、水気を拭いてから使う。たこは幅広にごく薄く切る（B）。

4 ── シーフードのアヒージョを作る。1のフライパン一つにオリーブオイルをたっぷりめに入れて弱火にかけ、にんにくの香りが立って色づいてきたら、えびを入れて弱火でじっくりと火を通す（C）。たこをのせ、オイルでグツグツと煮る（D）。塩で味を調える。

5 ── しいたけのアヒージョを作る。1のフライパン一つにオリーブオイルをたっぷりめに入れ（E）、しいたけをぎゅうぎゅうに入れててんこ盛りにし、弱火にかける（F）。そのまま混ぜずにオイルで煮はじめ、しいたけに火が入って少しカサが減ったら、上からもオリーブオイル適量をかける。

6 ── しばらくしてしいたけのカサが減ったら、しいたけの上下を箸などで返し、さらにしいたけを山盛りのせ、グツグツと煮る。塩で味を調える。

バゲットの薄切りをカリカリに焼き、アヒージョをのせていただく。オイルがしみたバゲットはクセになるおいしさ。

焼きさば・トマト玉ねぎソース

熱々の焼きさばと冷たいフレッシュソースの組み合わせが絶妙。ここではさばをオーブンで焼きましたが、魚焼きグリルで焼いても。ソースはミニトマトと玉ねぎ、にんにく、香りづけにパセリ、赤唐辛子、アクセントにケイパー。全部を混ぜ合わせて、食べる直前まで冷やしておくのがおすすめ。焼きたてのさばにたっぷりのせていただきます。ソースが残ったら、冷蔵庫に入れておき、肉や魚介のグリルやフライに使います。

材料　4人分

さば（3枚におろしたもの）　1尾分
塩　適量
オリーブオイル　少々
トマト玉ねぎソース（作りやすい分量）
- ミニトマト　10個
- 玉ねぎ　1/2個
- にんにく　1片
- イタリアンパセリ　1束
- 赤唐辛子　少々
- オリーブオイル　大さじ2
- レモンの搾り汁　大さじ1〜2
- ケイパー　大さじ2

1— さばは小骨と腹骨を取り、網を敷いたバットにのせて塩をふり、冷蔵庫で30分ほどおく（A）。

2— さばの水気を拭き、皮目を上にしてフライパンに入れ（B）、オリーブオイルをぬり、220〜230℃のオーブンで、おいしそうな焼き色がつくまで15分ほど焼く。

3— 焼いている間にトマト玉ねぎソースを作る。ミニトマトはヘタを取って1cm角に切る、玉ねぎはみじん切りにして塩少々（分量外）でもみ、水気をしっかりと絞る。にんにく、パセリ、赤唐辛子はみじん切りにする。トマト玉ねぎソースのすべての材料をボウルに入れ（C）、混ぜ合わせる。食べる直前まで冷蔵庫に入れておく。

4— 器に熱々のさばを盛り、冷たいトマト玉ねぎソースをたっぷりとかける。

いわしのにんにく酢煮

材料　作りやすい分量

いわし（内臓を取ったもの）
　13〜14尾
にんにく　5〜6片
昆布　15〜20㎝
赤唐辛子　3本
米酢　½カップ
酒　½カップ
みりん　¼カップ
しょうゆ　⅓カップ

1— にんにくは皮をむき、縦半分に切って芯を除く。

2— 昆布を平鍋に入る長さに切り、平鍋に敷いていわしを並べ、にんにくを散らし、赤唐辛子をのせる。

3— 酢、酒、みりん、しょうゆを加え（A）、火にかけ、煮立ったらアクを取り、紙ぶたと落としぶたをして弱火で30〜40分煮る（B）。

4— 火を止めてそのまま粗熱を取り、味をなじませる（C）。

5— いわしを器に盛り、にんにく、赤唐辛子をのせる。昆布を食べやすい大きさに切って添える。

にんにくスパイス塩とシーフード

にんにく、赤唐辛子、粗塩をベースに、スパイスやハーブを加えてすりつぶし、にんにくスパイス塩を作ります。すりつぶしたものは市販のペーストより香りがよく、素材の味を引き立てます。私はクロック（東南アジアの石臼）を使いますが、なければすり鉢を使っても。

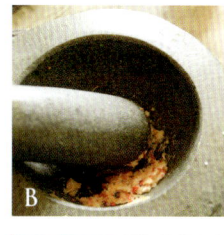

材料　作りやすい分量

にんにくスパイス塩A

- にんにく　1片
- 赤唐辛子　1本
- 香菜の根と茎　2本分
- 粗塩　小さじ1
- ヌクマム　少々
- 玉締めごま油　大さじ1

にんにくスパイス塩B

- にんにく　1片
- 赤唐辛子　1本
- 実山椒（熱湯を通したもの）　適量
- 粗塩　小さじ1
- ヌクマム　少々
- 米酢　大さじ1

えび（無頭・殻つき。背わたを取ったもの）　4尾

さわら　2切れ

香菜　適量

1— にんにくスパイス塩Aを作る。にんにくは皮をむいて半分に切り、芯を除く。クロック（東南アジアの石臼）ににんにく、ちぎった赤唐辛子、香菜の根と茎、粗塩を入れ、サーク（東南アジアの杵）でたたきつぶしてすり混ぜる（A・B）。ヌクマム、玉締めごま油を加えてさらにすり混ぜる（C・D）。

2— えびににんにくスパイス塩Aをのせる（E）。

3— にんにくスパイス塩Bは、1を参照してにんにく、赤唐辛子、実山椒、粗塩をたたきつぶしてすり混ぜ（F）、ヌクマムと酢を加えてさらにすり混ぜる（G）。

4— さわらににんにくスパイス塩Bをのせる（H）。

5— グリルまたは220〜230℃のオーブンで、おいしそうな焼き色がつくまで焼く。えびには香菜を添える。

豆腐とにんにくスパイス塩も好相性

にんにく小1片、香菜の根と茎1本分、赤唐辛子1本、粗塩小さじ1をたたきつぶしてすり混ぜ、ごま油大さじ1を加えてさらにすり混ぜる。水きりした豆腐にのせ、香菜を添える。

中華風刺し身と白粥

にんにく、しょうゆ、ごま油を混ぜた中華風にんにくじょうゆは、真鯛、金目鯛、ひらめなど、白身の魚と相性がよく、私は白粥と組み合わせて中華粥として楽しみます。白髪ねぎ、しょうが、香菜などの薬味もたっぷりと用意します。おいしくいただくポイントは、刺し身が水っぽくならないよう、食べる直前に刺し身に中華風にんにくじょうゆをかけること。

材料　作りやすい分量

白身魚（ひらまさ、鯛など）の刺し身　1さく
中華風にんにくじょうゆ
- にんにくのすりおろし　1〜2片分
- しょうゆ　大さじ2〜2½
- 玉締めごま油　小さじ2

白髪ねぎ　適量
しょうがのせん切り　適量
香菜　適量
白粥
- 米　1カップ
- 水　8カップ

1 — 白粥を炊く。米は洗ってザルに上げておく。

2 — 土鍋に米を入れ、分量の水を加えて強火にかける（A）。沸騰したら弱火にし、吹きこぼれないようにして40〜50分煮る。

3 — 白身魚の刺し身は薄いそぎ切りにし、バットに並べる（B）。中華風にんにくじょうゆの材料はボウルに合わせておく。

4 — 白髪ねぎとしょうがはそれぞれ氷水に放してシャキッとさせる（C）。香菜はやわらかい葉の部分を摘む。

5 — 白粥が炊けたら土鍋ごとテーブルに供し、白髪ねぎ、しょうが、香菜を添える。食べる直前に、3の刺し身に中華風にんにくじょうゆをかけ（D）、器に盛る。

6 — 各自の器におかゆを盛り、白髪ねぎ、しょうが、香菜、刺し身をのせていただく。

いかの梅にんにくあえ

わさびじょうゆや塩でいただくことの多
いいかの刺し身ですが、梅にんにくであ
えるとパンチのある味になって、新しい
おいしさ。いかは細造りにすると、梅に
んにくがよくからみます。

A

材料　作りやすい分量
やりいか(小。刺し身用)
　2はい
梅にんにく
┌ 梅干し　2個
│ にんにく　½片
└ しょうゆまたは酒　少々
青じそ　3枚

1 —— いかは開いて冷凍しておく。ここでは胴のみ
を使う。

2 —— 梅にんにくを作る。梅干しは種を除いてたた
く。にんにくをガーリックプレスでつぶしてボウル
に入れ、たたいた梅干しを加え、しょうゆまたは酒
を1、2滴香りづけ程度に加えて混ぜる(A)。

3 —— 冷凍したいかを半解凍の状態で細切りにし、
2を加えてあえ、青じそを敷いた器に盛る。

にんにくを漬ける

にんにくでも、新にんにくでも、どちらで作っても OK。オイルや酢、しょうゆに、にんにくの香りがつくまで、最低1週間ほど漬け込みます。しっかりと密封し、いずれも冷蔵庫で保存して半年以内に使い切りましょう。にんにくの香りが移ったオイルや酢は、料理やたれに使い、にんにくも刻んで使います。

オイル漬け
皮をむいたにんにくを瓶に入れ、オリーブオイルをかぶるくらいまで注ぐ。パスタやドレッシングなどに。

しょうゆ漬け
皮をむいたにんにくを瓶に入れ、しょうゆをかぶるくらいまで注ぐ。焼き飯、和風ドレッシング、冷奴などに。

米酢漬け
皮をむいたにんにくを瓶に入れ、米酢をかぶるくらいまで注ぐ。野菜炒めや焼きそばなどに。

黒酢漬け
皮をむいたにんにくと赤唐辛子数本を瓶に入れ、黒酢をかぶるくらいまで注ぐ。エスニック料理の味つけやたれなどに。

山椒漬け
皮をむいたにんにくと山椒の葉を重ねるようにして瓶に入れ、玉締めごま油をかぶるくらいまで注ぐ。和風や中華風のあえもの、あえ麺などに。

紹興酒漬け
皮をむいたにんにくを瓶に入れ、紹興酒をかぶるくらいまで注ぐ。ここでは珠芽（下記参照）も入れて一緒に漬ける。中華料理の味つけやたれなどに。

珠芽（しゅが） 小さいらっきょう程度の大きさで、種になります。にんにくの名産地・青森では、新にんにくの季節に珠芽をしょうゆ漬けにするそうですが、ここでは紹興酒漬けに加えます。

キャベツのにんにく炒め

材料　作りやすい分量
キャベツ　大4枚
にんにく　2片
赤唐辛子　1本
オリーブオイル　大さじ2〜3
塩　適量

シンプルだからこそ、ちゃんと作るとすごくおいしい、それが野菜炒め。ここではキャベツ炒めを紹介しますが、青菜、アスパラガス、絹さやなどほかの野菜でも同様です。ポイントは、キャベツをざく切りにしたら氷水に放してパリッとさせること。そして、炒めるときに水気をざっときってフライパンへ。にんにくの香りが移った油で蒸し焼きにすると、キャベツがもつ水分で火が通り、うまみと甘みが出ます。

1— キャベツはざく切りにして氷水に放し(A)、シャキッとさせる。にんにくは皮をむいて芯を取り、包丁の腹で押しつぶす。
2— キャベツの水気をざっときってザルに上げる。
3— 大きめのフライパンにオリーブオイル、にんにく、赤唐辛子を入れて火にかけ、弱めの火加減でにんにくの香りが立つまで熱する(B)。
4— 2のキャベツを入れて塩少々をふり(C)、ふたをして蒸し焼きにする(D)。途中、トングなどで上下を返し、塩少々をふる(E・F)。
5— いったん角ザルを敷いたバットに取り(G)、余分な水分を落としてから器に盛る。

大根と桜えびのにんにく炒め

大根を塩もみして余分な水分を出し、にんにくの香りの移った油で炒めます。大根を入れる前に桜えびを香ばしく炒めておくと、その香りも大根に移って美味。切り干し大根を使っても。春巻きの具にしてもおいしくいただけます。

材料 作りやすい分量
大根 ½本
塩 小さじ1〜1½
にんにく 2〜3片
桜えび 15g
玉締めごま油 大さじ2
あさつき 適量

A
B
C

1 — 大根は皮つきのままスライサーで細切りにし、葉の部分は小口切りにする。ボウルに入れて塩をふり（A）、水気が出てきたら手でぎゅっともんで、しっかりと水気を絞る。さらしの布巾で絞るとよい。

2 — にんにくは皮をむいてみじん切りにする。あさつきは小口切りにする。

3 — フライパンに玉締めごま油とにんにくを入れて火にかけ、にんにくを油になじませながら弱火でじっくりと炒める（B）。

4 — にんにくが色づいてカリッとしてきたら、桜えびを加えて炒める。

5 — 1の大根を入れてほぐしながら炒め（C）、仕上げにあさつきを加えて混ぜる。

A

たたききゅうりはざくっとした食感ときゅうりのみずみずしさが楽しめるのが魅力。たたいたにんにくを加えるだけで、にんにくの風味が広がり、おいしさがアップします。すぐ食べてもいいし、少ししてきゅうりに味がしみ込んでからでも。

たたききゅうりのにんにく酢じょうゆ

材料　作りやすい分量
きゅうり　3～4本
にんにく　大2片
赤唐辛子　1本
米酢　大さじ1
しょうゆ　大さじ1
玉締めごま油　大さじ1

1― きゅうりはめん棒などでたたき、手で食べやすい大きさに割る。

2― にんにくは皮をむいて包丁の腹でつぶす。赤唐辛子は手でちぎって種は除く。

3― ボウルに酢、しょうゆ、玉締めごま油、にんにく、赤唐辛子を入れ、きゅうりを加え（A）、もみ込むようにして味をなじませる。

カラフル野菜のサラダ

生野菜にも蒸し野菜にもよく合うのが、アンチョビーにんにくソース。にんにくを多めのオリーブオイルでじっくりと炒め、アンチョビーを加えてよく混ぜます。アンチョビーに塩気があるので、塩はなし。このソースがまだ熱いうちに、野菜につけていただきます。ソースが一つでも、いろいろな味、色、食感、調理法の違う野菜を取り合わせると楽しい。

材料　作りやすい分量

にんじん　小1本

芽キャベツ　8個

ロマネスコ　½個

スナップえんどう　6〜7本

ラディッシュ　5〜6個

ミニトマト（赤、黄）　合わせて6〜7個

フルーツトマト　1個

アンチョビーにんにくソース

　　にんにくのみじん切り　3〜4片分

　　赤唐辛子のみじん切り　2〜3本分

　　アンチョビー（缶詰）　2缶

　　オリーブオイル　½〜⅔カップ

1— にんじんは厚めの輪切りにし、芽キャベツは芯の部分に深めに切り込みを入れる。ロマネスコは小房に分けて水に放す。スナップえんどうは筋を取る。

2— 蒸し器ににんじんと芽キャベツを入れ、空いたところにロマネスコを入れ（A）、蒸気の立った状態で蒸す。

3— 蒸し上がったロマネスコと芽キャベツは取り出し、空いたところに残りのロマネスコ、スナップえんどうを入れ、蒸す（B）。蒸し上がったものから順に取り出す。

4— ラディッシュは冷水に放す。ミニトマトは半分に切り、フルーツトマトは一口大に切る。

5— アンチョビーにんにくソースを作る。フライパンににんにくを入れ、オリーブオイルをかぶるくらい注ぎ入れて弱火にかける（C）。にんにくの香りが出て香ばしくなるまで混ぜずに熱し、こんがりとしてきたら赤唐辛子を入れ（D）、アンチョビーの油をきって加え（E）、アンチョビーをくずしながら混ぜる（F）。

6— アンチョビーにんにくソース適量を小さい容器に入れて器の真ん中におき、野菜を彩りよく盛りつける。各自の器に取り分け、アンチョビーにんにくソースをかけていただく。

使わなかったアンチョビーにんにくソースは、保存瓶に入れて冷蔵庫へ。生野菜、ゆで野菜、蒸し野菜に。

アンディーブとにんにくドレッシング

サラダにする葉野菜は洗って冷水や氷水に放し、葉がシャッキリとしてみずみずしさが戻るまでおいておくのが、おいしく食べるコツ。また、ドレッシングは、あえたあとにボウルの底に溜まらない程度の量を加えるのがベスト。よくあえると均一に味が行き渡り、葉野菜にドレッシングがからみ、それ以上のドレッシングは必要なくなります。

材料　作りやすい分量
アンディーブ　大½個
にんにくドレッシング
┌ にんにく　1片
│ オリーブオイル、白ワインビネガー　3対1の割合
│ メープルビネガー、バルサミコ酢　各少々
└ 塩（フルール・ド・セル）、こしょう　各少々

1── アンディーブは冷水に放して水気をきり（A）、葉の部分をキッチンバサミなどで摘んでボウルに入れる（B）。

2── にんにくドレッシングを作る。にんにくは皮をむき、ガーリックプレスでつぶしてボウルに入れ（C）、オリーブオイル、メープルビネガー、ワインビネガー、塩、こしょうの順に加えて混ぜ合わせ（D）、バルサミコ酢を加えて混ぜる（E）。

3── 1ににんにくドレッシング適量を加えてよくあえ（F・G）、器に盛る。好みでバルサミコ酢（分量外）をかける（H）。

野菜を蒸し器で蒸すと水蒸気が隅々まで行き渡り、火の通りにムラがなく、野菜本来のうまみが引き出されて味もぐっと濃くなった感じ。そんな蒸し野菜によく合うのが、にんにくマヨネーズです。基本のマヨネーズの材料ににんにく小1片を加えて作ると、バランスのよい味になります。ワインビネガーの代わりに米酢を使ったり、オリーブオイルを半量減らしてその分サラダ油を使っても。ここではカリフラワーを丸ごと蒸し、熱々のところに冷たいにんにくマヨネーズをたっぷりつけていただきます。

蒸しカリフラワーとにんにくマヨネーズ

 A
 B
 C
 D

材料　作りやすい分量
カリフラワー　1個
にんにくマヨネーズ
┌ 卵　1個
│ にんにく　1片
│ ワインビネガー　大さじ1〜1½
│ 塩　小さじ⅔〜½
│ こしょう　少々
└ オリーブオイル　約1カップ

1 — にんにくマヨネーズを作る。ミキサーにオリーブオイル以外の材料を入れて攪拌し（A・B）、ミキサーを回しながらオリーブオイルを少しずつ加えて混ぜる（C）。
2 — ミキサーが回りにくくなったらスイッチを止めて上下を混ぜ、さらに攪拌する。ミキサーが回らなくなるまで繰り返す。ボウルなどに移す。
3 — カリフラワーは茎に切り込みを入れて蒸し器に入れ、蒸気の立った状態で、竹串を刺してみてスーッと通るようになるまで蒸す（D）。
4 — 蒸したてのカリフラワーに2のにんにくマヨネーズを添える。

蒸しポテトとにんにくアンチョビーバター

皮ごと蒸したホクホクのじゃがいもに合わせたいのが、にんにくアンチョビーバターです。バターをつけるだけでもおいしいですが、そこに、にんにくの香り、アンチョビーのうまみ、塩気が入ると味に奥行きが出て、じゃがいものおいしさを後押しします。さつまいもやかぼちゃなど、ほの甘い野菜とも合います。ガーリックバターとしても楽しめます。

トーストしたバゲットにぬって、ガーリックトーストとして楽しんでも。

材料　作りやすい分量
じゃがいも　7〜8個
にんにくアンチョビーバター
┌ にんにく　1〜2片
│ アンチョビー　3〜4枚
└ バター　100g

1 — じゃがいもは洗って皮つきのまま蒸し器に入れ、蒸気の立った状態で、竹串を刺してみてスーッと通るようになるまで蒸す（A）。

2 — じゃがいもを蒸している間ににんにくアンチョビーバターを作る。にんにくは皮をむいて半分に切って芯を取り、包丁の腹でつぶす（B）。アンチョビーは油をきってみじん切りにする（C）。

3 — フードプロセッサーにバターを適当な大きさに切って入れ（D）、にんにくも入れ、ペースト状になるまで攪拌する。アンチョビーを加えて混ぜる。

4 — 蒸したてのじゃがいもに3のにんにくアンチョビーバターを添える。

A

B

材料 作りやすい分量

ズッキーニ　2～3本

塩　適量

にんにくパン粉

- にんにくのみじん切り　2片分
- パルミジャーノ・レッジャーノ
  （すりおろしたもの）　大さじ4～5
- パン粉　大さじ4～5
- パセリのみじん切り　4～5本分

オリーブオイル　適量

ズッキーニのにんにくパン粉焼き

野菜をオーブン焼きにするときに重宝するのが、パン粉、にんにく、すりおろしチーズ、パセリを混ぜた、にんにくパン粉。にんにくはみじん切りにし、チーズはパルミジャーノ・レッジャーノのかたまりをすりおろして使うと香りがよく、カリッとしたパン粉と一体になって、野菜がおいしく食べられます。ズッキーニにはあらかじめ塩をふっておくと浸透圧で水分が抜け、焼いても水っぽくなりません。

1 — ズッキーニは縦半分に切り、網を敷いたバットに並べ、塩をふる。水気が出るまで20分ほどおく（A）。

2 — にんにくパン粉の材料は混ぜ合わせる。

3 — ズッキーニの水気をペーパータオルで拭き取り、切り口を上にして耐熱容器に並べ、にんにくパン粉をたっぷりとのせ、オリーブオイルをかける（B）。

4 — 210～220℃のオーブンでおいしそうな焼き色がつくまで15分ほど焼く。

材料　作りやすい分量
さやいんげん　40本
ミニトマト　20〜30個
にんにく　1片
オリーブオイル　適量
塩、こしょう　各少々
クミンシード、
　　クミンパウダー
　　各少々

さやいんげんとミニトマトのくたくた煮

にんにくの香りが移ったオリーブオイルをミニトマトにからめ、その上にたっぷりのさやいんげん。塩とこしょうをしてふたをしてそのまま蒸し煮すると、ミニトマトから出た水分で煮えて、トマトもさやいんげんもくたくたに。熱々でも冷めてもおいしく、野菜のうまみを感じる一皿になります。

1— さやいんげんはヘタの部分を取り、ミニトマトはヘタを取る。にんにくは皮をむいて縦半分に切って芯を除き、さらに半分の薄さに切る。

2— フライパンにオリーブオイルとにんにくを入れて火にかけ、弱火でじっくりと炒め、にんにくの香りが立って色づいたらミニトマトを加えて油をからめる（A）。

3— さやいんげんを加えて塩とこしょうをふり（B）、ふたをし、トマトから出る水分で蒸し煮する。

4— トマトの水分がなくなってさやいんげんもくたっと煮えたら、仕上げにクミンシードとクミンパウダーをふって香りをつける。

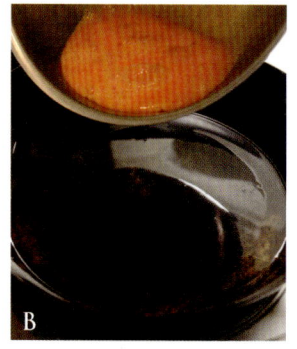

フリッタータは卵と具を一緒にフライパンやオーブンで焼きかためる料理。ここではカリッと揚げたポテトフライを卵の上にのせて焼き上げます。この組み合わせをさらにおいしくするのが、にんにくバターソース。麦わら色に香ばしく炒めたにんにくにバターを加え、溶けたところをフリッタータにかけます。にんにくとバターの芳しさがポイントです。

ポテトフライのフリッタータ

材料　直径24cmのフライパン1台分

ポテトフライ
- じゃがいも　2個
- 揚げ油（オリーブオイル）　適量

卵　3個

塩　少々

オリーブオイル　大さじ2

にんにくバターソース
- にんにくのみじん切り　1片分
- オリーブオイル　大さじ2
- バター　20g

粗びき黒こしょう　適量

1── ポテトフライを作る。じゃがいもは皮をむいて細めのくし形に切り、水にさらし、ザルに上げる。塩少々（分量外）を入れた湯で5分ほどゆで、ゆで汁をきってペーパータオルで水気を拭き取る。

2── 中温に熱した揚げ油に1を入れ、ときどき上下を返してきつね色にカラリと揚げ、油をきる（A）。

3── 卵はボウルに割りほぐし、塩を加えて混ぜる。

4── フライパンを熱してからオリーブオイルを入れ、3の卵液を流し入れ（B）、全体に広げて焼く。空気が入ってぷくっと膨らんだら、箸などでつついて空気を抜く（C）。

5── 表面がまだ半熟のうちにポテトフライをのせ（D）、卵に火が通ったら器に移す。

6── フリッタータを作っている間に、別のフライパンににんにくとオリーブオイルを入れて火にかけ、にんにくの香りが出て香ばしくなるまで混ぜずに熱し、カリッとしてきたらバターを加えて溶かす（E）。熱々のところをフリッタータにかけ（F）、こしょうをふる。

材料　作りやすい分量
じゃがいも　3個
玉ねぎ　½個
にんにく　5片
ケール　1〜2枚
水　適量
ターメリックパウダー　小さじ2
塩　適量

じゃがいも、にんにく、ケールのスープ

にんにくのうまみとコクが味わえる、じゃがいものスープです。玉ねぎで甘さを足し、ターメリックパウダーで色と風味をつけ、塩で味を引き締めると、ポタージュにしても味がぼけません。ケールがないときは、キャベツの外葉を使いましょう。

1── じゃがいもは皮をむいて1cm厚さの一口大に切る。玉ねぎは薄切りにし、にんにくは皮をむき、半分に切って芯を取る。ケールは軸の部分を除いてせん切りにする。

2── 鍋にじゃがいも、玉ねぎ、にんにくを入れ、水をかぶるくらいより少し多めに注ぎ入れ、火にかける。沸騰したら火を弱め、ターメリックパウダーと塩少々を加え（A）、にんにくとじゃがいもがやわらかくなるまで煮る（B）。

3── バーミックスまたはミキサーで撹拌し（C）、味をみて塩で味を調える。

4── 仕上げにケールを加え（D）、少し火を通す。

ミニトマトで作ったトマトソースは、甘くて酸っぱく、トマトのうまみがギュッと凝縮されているのが特徴。ミニトマトのジュースを出したいので、半量は半分に切って切り口を下にして入れ、残り半量は丸のまま入れます。にんにくは主役ではないですが、にんにくがなければこのおいしさは生まれません。パスタ、ブルスケッタ、ミートボール煮込みなど、思いのまま使います。

にんにくミニトマトソースを作る

1 ─ ミニトマト50〜60個はヘタを取り、半量はそのまま、半量は横半分に切る。にんにく2片は皮をむいて半分に切り、包丁の腹で押しつぶす。

2 ─ 鍋にオリーブオイル大さじ2〜3とにんにくを入れて火にかけ、弱火でじっくりと炒め（A）、にんにくが色づいたらいったん火を止める。

3 ─ 半分に切ったトマトを切り口を下にして並べ入れ、再び火にかけ、弱火で煮る（B）。ミニトマトの水分が出てきたら丸のままのミニトマトを加え（C）、塩少々をふり、中弱火で煮る（D）。

4 ─ ミニトマトを木ベラでつぶして出てきた水分となじませ、水分を飛ばすようにとろみがつくまで煮込む（E）。

5 ─ 木ベラで鍋底をこすったとき、跡が残るくらいまで煮詰める（F）。

すぐに使わない場合は、冷めてから
保存容器に入れ、冷蔵庫へ。

にんにくの名産地
青森・田子町を訪ねて

にんにくは
自然の中で作られる

　山や森が鮮やかな緑色の葉を茂らせる新緑の季節、あたり一面に広がるにんにく畑と青い空。ここは日本一のにんにくを誇る、青森の田子町。田子町は秋田、岩手両県に接する青森県最南端の町。奥羽山脈の山裾に広がる、約80％が山林、町の大部分は山地という、豊かな自然の中にある町です。

　にんにくの生産が始まってから55年ほど。いいにんにくはいい土から生まれるという信念で、土作りから取り組んできた田子にんにくは「福地ホワイト六片種」というもので、ふっくらと真っ白で大粒で、糖度は40％と高く、辛み、香りもいいのが特徴。夜は冷え込み、日中は高温になる昼夜の温度差が、糖度の高い上質のにんにくを育てています。

田子はにんにくの町。町の街灯、ポスト、橋の欄干のモニュメントなどにも、にんにくが。

にんにくができるまで

　にんにくの作づけは9月下旬〜10月下旬。手で一片一片押し込んで植える手作業です。作づけが終わるとすぐに芽が出て15〜20cmほどになりますが、そのまま12〜3月まで雪の下で冬眠。4月に雪が解けると、あっという間に新芽が土の中から顔を出し、すくすくと成長。5〜6月、緑の葉が急速に伸びて、花が咲く前につぼみを摘み取り、にんにくに栄養がたっぷりと行き渡るようにします。

　6月、梅雨明けとともに収穫。わずか2週間足らずの間に約1000トン以上ものにんにくが一斉に収穫され、このとき、町はにんにく一色になります。

　この掘りたての乾燥しないにんにくが、新にんにく。生にんにくとも言います。6月の収穫後に1ヶ月ほど乾燥させたものが初もののにんにくで、7月に発送がスタートします。

毎年6月中旬〜下旬が収穫時期。機械で掘り上げたにんにくを集めて、茎を鎌のようなもので短く切り取り、余分なひげ根を摘みます。

収穫時期は、町全体が収穫したばかりのにんにくの香りに満たされるそう。それは、よく思われがちなツンとくるいやな匂いではなく、フレッシュで甘さをも遠くに感じるいい香り。土から出したばかりのにんにくはとてもきれいで、食べたらきっとおいしいに違いないと確信できるほど。

新にんにくが味わえる、田子にんにく収穫祭

　毎年6月中旬〜下旬に田子町農山村広場で行われるのが、田子にんにく収穫祭。収穫したばかりのみずみずしい新にんにくが味わえるだけでなく、新にんにくの販売やにんにく掘り取り体験なども楽しめるのが人気。旬の新にんにくを味わえるのはこの時期だけとあって、毎年4000人以上の人たちで賑わいます。

A にんにくピッツァ。薪で焼くから香ばしい。
B 新にんにくの素揚げ。油でじっくりと揚げたにんにくは、甘く、じゃがいものようにホクホク。

C にんにくみその香りが鼻をくすぐる、にんにくみその田楽。
D 「タッコーラ」はにんにく入りコーラ。飲んだ瞬間はコーラだが、にんにくがじわじわと効いてくる。

田子牛とにんにくを楽しむ

　「池田ファーム レストラン」では、田子にんにくを田子牛のステーキや焼き肉と一緒に堪能できます。夏の間、田子高原の広々とした牧草地に放牧され、ストレスなく育った田子牛は、風味よく、しっかりとした味わい。

にんにくをホイル焼きにすると中まで蒸されてホクホク、さらに焼いて香ばしさをプラスしても。

収穫時期の田子町はにんにくづくし

　「田子町ガーリックセンター」のにんにくソフトクリームは、白にんにく入りのミルク味、黒にんにく入りのチョコ味の2種類。田子ガーリックステーキごはんもご当地グルメとして人気。

　「関所の茶屋」は春〜秋の日曜だけオープン。近隣農家の方たちによる運営で、農産物加工品を主に販売。郷土料理の串餅やにんにくカレーが食べられる。

地元・田子町の
「いつものにんにく料理」

田子町で生まれ育ち、にんにくの栽培・加工・販売を手がけるにんにくの達人、坂本三佳子さんに、普段食べているにんにく料理をお聞きしました。毎日食べても飽きない、また食べたくなる、日々のおかずです。

にんにくの青じそ巻き揚げ

皮をむいたにんにくを青じそで包み、楊枝で刺す。天ぷら粉を焼酎で溶いた衣にくぐらせ、中温の揚げ油で揚げ、塩をふる。にんにくを揚げると辛みの奥に隠れていた甘みが出てきて、ほっこりとしてやさしい味になる。生にんにくを皮ごと丸ごと揚げてもおいしい。

にんにくみその焼きおむすび

にんにくみそは2種類。一つはみそにおろしにんにくを混ぜたもの、もう一つは坂本さんのお母さんの手作り南蛮みそ「あいこ味噌」。みそはどちらも田子町の枝豆みそ。おむすびにぬってグリルパンで焼く。両面焼いても片面焼いてもいい。

つつけ

冬のにんにく料理の定番。「つっついてけ」（つついて食べなさい）が語源とか。昆布と水を火にかけ、大根の薄切り、豆腐を入れて火が通るまで煮る。ここに、麦つつけ、そばつつけ（薄くのばした麦やそばの麺）を対角線に切って1枚ずつ入れて箸で混ぜながら火を通す。おろしにんにくを練り込んだみそをつけて食べるのだが、食べ方がおもしろい。お椀の縁ににんにくみそをベタッとつけ、つつけなどの具材をつけて食べる。

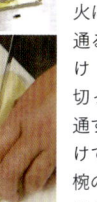

にんにく入り
具だくさん豚汁

豚薄切り肉と薄切りのにんにくをサラダ油で炒め、水を注ぎ入れ、薄切りのごぼう、にんじん、大根と、糸こんにゃく、一口大に切ったじゃがいもを加えて煮る。キャベツ、きのこ、豆腐を食べやすい大きさに切って加え、すべての材料に火が通ったらみそを溶き入れる。最後に長ねぎの斜め切りを入れる。

有元葉子　Yoko Arimoto

素材の持ち味を生かし、余分なものを入れない引き算の料理が人気。自分が本当によいと思える食材を使い、心と体が納得するシンプルなおいしさを追求。東京・田園調布で料理教室「COOKING CLASS」を主宰し、自由な発想でレッスンを行う。料理教室と同じ建物にある「SHOP281」では、自身が使う基本調味料や油、キッチン道具などがそろう。
www.arimotoyoko.com

キッチンにあるにんにくから緑の芽が顔を出したので、プランターに植えてみたら、緑の葉が元気に伸びてきた。このあと、茎が出て蕾がついたら花が咲く前に摘み取り、葉が枯れてきたら収穫だそう。

にんにくの料理

2019年7月10日　第1刷発行
2019年9月10日　第2刷発行

著　者　有元葉子（ありもとようこ）
発行者　千石雅仁
発行所　東京書籍株式会社
　　　　東京都北区堀船2−17−1　〒114−8524
　　　　電話　03−5390−7531（営業）
　　　　　　　03−5390−7508（編集）

印刷・製本　図書印刷株式会社

協力　にんにく王国
　　　株式会社 和の郷
　　　青森県三戸郡田子町大字田子宇金八屋敷19−3
　　　フリーダイヤル 0120−229−051
　　　www.aomori-ninniku.jp

アートディレクション　昭原修三
デザイン　植田光子
撮影　ジョー
スタイリング　久保原恵理
編集　松原京子
プリンティングディレクター　栗原哲朗（図書印刷）

Copyright © 2019 by Yoko Arimoto
All Rights Reserved.
Printed in Japan
ISBN978−4−487−81169−4 C2077

乱丁・落丁の際はお取り替えさせていただきます。
本書の内容を無断で転載することはかたくお断りいたします。